Gedichte und Sprüche

Mind Mind

AF236201

Mind Mind

Gedichte und Sprüche

Lyrik, Poesie

Impressum

Bibliografische Information der Deutschen
Nationalbibliothek:
Die Deutsche Nationalbibliothek verzeichnet diese
Publikation in der Deutschen Nationalbibliografie;
detaillierte bibliografische Daten sind im Internet über
http://dnb.dnb.de abrufbar.

© 2021 Mind Mind

Herstellung und Verlag: BoD – Books on Demand,
Norderstedt

ISBN: 978-3-7534-7861-6

Vorwort

Lesen sie nun einige Texte von Mind.
Lustige Gedichte, Liebes Gedichte,
Weihnachtsgeschichten, ein Gedicht
aus dem Gefängnis.

Folgen sie Mind auf YouTube oder
unterstützen sie

den Künstler durch ein kleines
Trinkgeld.

Gerne können sie auch auf YouTube
kommentieren und Kritisieren.

Treten sie in Interaktion mit dem
Künstler.

Alles notwendigen Informationen
finden sie

am Ende des Buches.

Gefahren des Meeres

Tief im Meer der Haifisch

dieser Fiesling

der oft andre Fische beißt.

Heute vollgefressen und zufrieden,

gemütlich überm Riff

nun kreist.

Doch plötzlich gibt es nenn

lauten Knall

und überall nun

kleine Blasen,

vollgefüllt mit

üblen Gasen

Richtung

Meeresoberfläche

rasen.

Der Hai wird grün

es wird ihm schlecht. Der Gestank

ihn brechen lässt.

Ja es ist übel

wie man ja weiß

wen ein Walfisch

blubber Blasen scheißt.

Der Biker

gerne Kurven fährt,

das Ganze in

der Schräge,

wodurch er

leicht den Halt verliert.

Und so passiert

es dann und wann

das Bike und Biker

nicht in die

selbe Richtung

fahrn.

Der Jäger

Nachts im Wald

auf seinem Hochsitz sitzt.

Sich wundert

wo das Wild

nur ist.

Doch das Wild

nur schlauer

als der Jäger ist,

solang er da ist

unterm Hochsitz

sitzt.

Ritter Hugo

Ritter Hugo wollte

aus der Burg

gerade reiten,

durch einen

Raubzug seinen

Lebensunterhalt

bestreiten.

Doch die Wache

hielt ihn auf,

er musste erst

zum Ritter TÜV.

Beim TÜV nun

angekommen

lief es gar nicht

gut.

Das Schwert verrostet,

dass darf nicht sein,

so kommen Viren

und Bakterien in

die Wunde rein.

Die Hufe seines Pferdes

viel zu glatt.

Das Pferd zu klein

und er zu dick,

da macht der

Tierschutz nicht

mehr mit.

So musste er

dass Ritter sein

beenden.

Doch fand er

mit seiner Erfahrung

einen Job

der zu ihm passt,

weil er als

Finanzbeamter

nun fast das

gleiche macht.

Freitag der 13

Für Abergläubische

Menschen muss der Tag

wohl furchtbar sein.

Zum Glück kenne

ich so was wie

Aberglauben nicht.

Ich habe heute Morgen

aber doch erst mal

die schwarze Katze

aus der Wohnung

geschmissen.

Beim einkaufen

kam ich an einer

Leiter vorbei,

ich habe sie umgefahren

zu vermeiden

erst mal um getreten.

Gut der Maler

der drauf stand

hatte Pech

aber so ist das

Leben.

Dann habe ich mir

Salz gekauft

und Weills ja

Glück bringt

über die Schulter

geschmissen.

Die Frau die hinter

mir stand und es

nun im Auge hatte

wollte davon nix

wissen.

Das alles zeigt

wie gefährlich

Aberglauben ist.

Vor allem am

Freitag,

wo doch gleich

Wochenende ist.

Genervt

Der erste Schlag

nun lag sie da,

der Körper teils

gebrochen.

Der zweite Schlag,

nein nicht allein

zum Töten,

viel mehr um

von dem Leid

sie zu erlösen.

Ich bin nicht böse,

Notwehr ist`s

gewesen.

Sie hat mich

angegriffen,

naja, zu mindestens

genervt.

Nun ist`s vorbei doch

schon die nächste

Fliege nervt.

Erdbeermund

Grüne Augen,

lange rote Mähne

öffnet sinnlich

nun den rot gefärbten

Erdbeermund.

Und mal mit langen schnellen

Zügen,

mal langsam

und genüsslich

leckt sie bis

zur Spitze

saugt mit ihren vollen

Lippen.

Wird es dir

schon heiß,

die hübsche Dame

isst doch nur

ne Tüte Eis.

Gefahren der Nacht

Du schläfst,

du wirst wach, weil du

mal Pinkeln musst.

Weil du nicht stören willst

im Dunkeln

du durchs Zimmer

läufst.

Doch plötzlich

schreist du

welch ein Schmerz

der vom Fuß ab

durch den Körper

fährt.

Du machst das

Licht an,

ist er gebrochen,

der kleine Zeh,

der grade im Dunkeln

mit großem Schwung

die Tür getroffen.

Drum mach das Licht an,

bevor du auch

zum Opfer wirst du

und durch deinen

Schrei ein jeder

dann den Schlaf

verliert.

Der Gärtner

ist immer der Mörder so sagt man.
Doch wurde das nie bewiesen.

Nur eines das weiß man,

manchmal geht er

für sein Geld

über Leichen.

Doch strafbar

macht er sich dabei nicht,

den Gräber zu pflegen

ist auch seine Pflicht.

Auf dem Friedhof

da sah ich einen Mann,

mit einem kleinen

Auto kam er gefahren,

blieb dann an einem

Grabe stehen.

Es war ein Mann mit

schmutziger Kleidung

und erdigen Händen,

was hat er vor.

Er ging zu dem Grab

und mit kräftigem Griff,

dem Grabe er die Pflanzen entriss,

was soll das will er sie stehlen?

Mit einer Hacke und einem Rechen

er schnell seine Spuren verwischt.

Um dann so schnell

wie er kam wieder

fortzufahren.

Doch bereits kurze Zeit

später kam er wieder gefahren,

wollte er seinen Diebstahl vollenden.

Er griff in sein Fahrzeug,

holte Pflanzen hervor,

die waren viel schöner als die von
zuvor.

Er pflanzte sie und fuhr wieder fort,

nun begriff ich,

er war der Gärtner

von diesem Ort.

Adam und Eva

wie ist das gewesen,

ich habe da was

von Lilith gelesen,

sie war Adams erste Frau.

Doch sie hatten oft Streit

und es kam zum Eklat,

weil Lilith eine

Emanze war.

Lilith zog aus,

nun war Adam allein,

das war eine Situation, die sollte nicht
sein.

Nun erschuf Gott Eva,

naiv und liebevoll sollte sie sein,

nun war Adam nicht mehr allein.

Und Eva spazierte im Paradiese umher,

auch am Baum der Erkenntnis vorbei

und dachte sich nix

als plötzlich eine Schlange vor ihr
zischt.

Die Schlange die schon lange hier lebt,

war geschwätzig eine Tratsche

und legte gleich los.

Erzählte Eva von Lilith

Adams erster Geliebten,

das machte Eva sehr wütend

und mit weiblicher List

rächte sie sich an

Adam und an der Schlange.

Den hätte diese geschwiegen

wären alle glücklich

geblieben.

Sie nahm den Apfel

ging zu Adam und gab

der Schlange die Schuld.

Sagte „Adam töte das Tier,

mach aus der Haut

ein paar Schuhe und eine Tasche mir"

Als Gott das sah

war das schöne Leben vorbei.

Er jagte sie fort hinaus in die Welt,

dort sind wir noch heute

und leben und allein

das zählt.

Ein Blick

ein Wimpernschlag

du wirst verrückt.

Wimpern lang und leicht gebogen,

wie Tentakel die dich

zu ihr holen.

Augen blau,

klar wie ein Badeteich,

du versinkst darin

und du fühlst dich leicht,

merkst nicht wie dir

die Vernunft entweicht.

Dein Herz sucht Liebe,

du bist nun Opfer deiner Triebe.

Doch genieße den Moment,

wer weiß wann er mal

wieder kommt.

Liebe

Ein Gefühl voll Gegensätze.

Mal Freude, Glück und Leidenschaft,

mal Schmerzen, Leiden,
Liebeskummer.

Ja Liebe schön und auch gefährlich.

Doch ohne Risiko kein Glück

ehrlich.

Und wen`s auch viele Schmerzen gibt,

ich bin ein Mensch der

Liebe liebt.

Selbsterkenntnis

Erst wenn du erkennst, wer

du wirklich bist,

kannst du der werden,

der du dachtest

das du bist.

Der kleine Hass

Der kleine Hass

ist ein Gewächs.

Das durch

Unzufriedenheit

beständig wächst.

Oft wird dann

mit Gewalt gehandelt,

was den Kleinen

in den großen Hass

verwandelt.

Übersteigt der Hass

dann nun gewissen

Punkt,

dann wird der Hass

zum Krisen Grund.

Terror

Terror ist das Schwert der Feigen,

welche Hass und Missgunst

Liken.

Ob Fremdenhass ob Religion,

ein jeder kennt die Themen schon.

Doch ist das nicht

der wahre Grund.

Die Leute sind ganz einfach

nicht gesund.

Wer andre tötet und sich selbst,

ist geistig er ein

minus Held.

Die Weihnachtsgeschichte

Es war am Heiligabend

als man ihn in einer

dunklen Gasse fand,

den toten Mann

am Straßenrand.

Seine Kleidung

war schmutzig,

doch es war ein

teurer Zwirn,

der nun teils in Fetzen

an diesem kalten

Leichnam hing.

Mit der rechten Hand

hat er einen Stein

umschlossen,

doch das allein war

nicht sonderbar,

denn der Stein kam

von einem weit

entfernten Ort,

Noch vor einem Jahr

lag er an einem sehr

hohem Ort,

der Mann der nun

Tod war holte in von dort.

Als er den Himalaya

bezwang,

er war ein mutiger,

erfolgreicher Mann.

Doch bereits kurz

danach hat er alles verloren,

lag nun Tod

im Schnee,

war jämmerlich erfroren.

Der Stein war alles

was von seinen

erfolgen ihm blieb

und darum für den Mann von

besonderem Wert.

Es sind die ganz

schlichten Dinge

mit einem ganz

besonderem,

meist persönlichem

Wert.

Das Weihnachtswunder

Der Weihnachtsmann

im Schlitten sitzt,

davor das arme

Rentier schwitzt.

Das denkt sich Kerl

du bist zu dick,

sehr lang mach ich

dass nicht mehr mit.

Am ersten Haus

nun angekommen

fragt sich das

Rentier,

wie soll der

durch den Schornstein

kommen.

Doch der

Weihnachtsmann

tut seine Pflicht,

wenn das mal

kein Wunder ist.

Der Blick aus dem Fenster

Ist ein blick durch die Gitter,

für zartbesaitete ist das schon bitter.

Doch bist du auch stark hast nerven
aus Stahl,

wird der blick aus dem Fenster doch
manchmal zur Qual.

Du denkst dann an früher, vergangene
Zeiten,

du vergleichst es mit jetzt, beginnst
dann zu leiden, das kostet nur Kraft
drum sollst Du s vermeiden.

Denk lieber an morgen, ankommende
Zeiten, an Träume und Pläne für
bessere Zeiten.

Das macht dir dann Hoffnung,

vertreibt Dir die Zeit und macht

Dich für die Freiheit bereit.

Links

YouTube :
https://www.youtube.com/c/MindGedichte

Facebook :
https://www.facebook.com/Mind00/

Spenden :

https://www.paypal.com/donate?hosted_button_id=28ZYK5NAM7UU8